D1669231

DIE ZEIT PARIS

Dieses Reisetagebuch gehört:

....

....

....

....

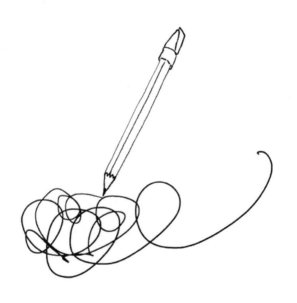

Sie machen das wirklich. Verliebte Pariser schlendern nächtens an der Seine entlang und schauen sich unterm Licht der Laternen tief in die Augen. Es gebe nichts Romantischeres, sagt David Guetta, der berühmteste House-DJ der Stadt. Und wenn die einheimische Prominenz keine Angst vorm Klischee hat, können Reisende in dieser Hinsicht erst recht entspannt sein.

Paris — das ist zuerst einmal die Seine, der Eiffelturm und der Louvre. In Paris trinkt man seinen Kaffee gerne in einem Café, das schon Simone de Beauvoir besucht hat. Hier möchte man durch die schmalen Gässchen von Montmartre stromern, auch weil Henry Miller sie so eindringlich beschrieben hat. Und natürlich hat man eine Rose dabei, um sie auf dem Friedhof Père Lachaise vor den Grabstein von Jim Morrison zu legen. Dass zehntausend andere das schon gemacht haben — geschenkt.

Doch Paris ist auch Paris, wo man es nicht auf Anhieb erkennen würde. Deshalb versteht sich dieses ZEIT-Reisetagebuch als Anregung, den Blick ein bisschen weiter schweifen zu lassen, etwa mit der Künstlerin Oda Jaune durchs zehnte Arrondissement zu streifen oder ZEIT-Autor Gero von Randow auf die Promenade plantée zu folgen, einer zum Stadtwanderweg umfunktionierten Bahntrasse, die einen raus führt bis an den Périphérique.

Auf halber Strecke, wo Paris ziemlich unfertig, wild und grün wirkt, hat er eine Begegnung, die in jeder anderen Stadt unvorstellbar wäre. Eine ältere Dame fragt einen Clochard: „Monsieur, haben Sie denn heute schon etwas Anständiges gegessen?" Hat er natürlich. Wo käme man auch hin?

STEFANIE FLAMM, *DIE ZEIT*

»Ajoutez deux lettres à Paris et c'est le paradis «

– Jules Renard

7

Meine Notizen

In einem Pariser Café

Wir schweifen ab

Die Promenade plantée ist ein grüner Schleichweg in den Pariser Alltag.

Der Weg ins andere Paris beginnt auf den Stufen einer unscheinbaren Treppe in der Avenue Daumesnil. Sie windet sich um einen roten Backsteinbau, den Abschluss eines Viadukts. Man wäre nicht überrascht, nach ein paar Schritten vor der verschlossenen Tür eines Wartungsraums zu stehen. Hier beginnt die Promenade plantée.

Die „bepflanzte Promenade" ist kein breiter Boulevard, sondern ein urbaner Wanderweg, angelegt auf der stillgelegten Eisenbahntrasse, die in den östlichen Vorort Vincennes führte. Landschaftsarchitekten haben ihn mit Gärten geschmückt. Ein grüner Schleichweg vom Viadukt bis unter die Erde, ins Innere der Stadt. Nur knapp fünf Kilometer ist er lang, besser, man kommt schon morgens.

Wir sind an der Bastille aus der Métro gestiegen und der Rue de Lyon nach Südosten gefolgt, der klassischen Route aller Pariser Massendemos. Wo sich die Straße gabelt, ein paar Schritte nach links, und schon stehen wir vor ebenjener Treppe, aber halt! Noch bleiben wir unten, denn wir wollen doch Aligre nicht links liegen lassen.

Das Herz des Stadtviertels ist sein kleiner Markt. Die rund 200 Jahre alte Markthalle beherbergt liebevoll herausgeputzte Lebensmittelstände; davor ein Platz mit Gemüsehandel und Flohmarkt (gute Bücher!). Alles das hat kleinstädtisches Flair, gelegentlich mit einem „As-Salamu

Alaykum" globalisiert. Wer sich abends herbegibt, sollte im Vereinshaus der Commune libre d'Aligre vorbeischauen. Dort kochen reihum die Nachbarn, es schmeckt, kostet wenig, und schnell ergibt sich ein Gespräch. Mittags hingegen, nach dem Marktbesuch, empfiehlt sich die Weinbar Le Baron Rouge auf ein paar Austern oder etwas charcuterie. Dafür ist es noch zu früh, also lassen wir uns im Café vor den Bäumen des Square Trousseau zu einem Frühstück nieder, die Butter hier ist erstklassig – jaja, wir schweifen ab. In Paris sind Abschweifungen die Regel. Jetzt sind Sie gewarnt.

Kaum nämlich, dass wir zum Viadukt zurückgekehrt sind, verweigern wir ein weiteres Mal den Aufstieg und gehen lieber ein Stück daran entlang. In den Arkaden des 1859 errichteten Bauwerks logiert das Traditionshandwerk. Gut, wir wollen kein Appartement einrichten und betrachten die Möbel, Polster, Lampen und Bilderrahmen nur mit verhaltener Neugierde, ein Cello zu kaufen verkneifen wir uns ebenfalls, an Heurtault indes führt kein Weg vorbei. Es gibt Menschen, die auf Schirme nichts geben, aber wenn Michel Heurtault die seinen vorführt, dann erfasst auch Ungläubige der heilige Schauder.

Schirme sind sein Leben. Bereits als Achtjähriger will er die Schirme der Nachbarschaft repariert haben. Heute baut der Mittvierziger zwei bis drei Stück pro Tag, alles Einzelanfertigungen und überwiegend aus Materialien, die heutzutage nicht mehr hergestellt werden: Fischbeinstäbchen für die Mechanik, Griffe aus Edelholz, spezielle Seide und Spitze ... Heurtault durchkämmt Flohmärkte und Nachlässe; die 400 Quadratmeter im Untergeschoss seines Ladens sind vollgepackt mit Einzelteilen sowie rund 1000

Schirmen aus drei Jahrhunderten.

„Der ästhetische Höhepunkt waren die sechziger Jahre", sagt Heurtault. „In den siebziger Jahren setzte dann die Komfortästhetik ein. Hauptsache bequem. Und billig. Obwohl ein Schirm fürs Leben, auch wenn er 400 Euro kostet, sich mehr lohnt als die Billigware, die keinen stürmischen Herbst überlebt. Wussten Sie, dass in Frankreich Jahr für Jahr zwölf Millionen Schirme im Müll landen? Das macht den Planeten kaputt."

Genug der Abschweifung, rauf auf den Viadukt! Er führt durch das 12. Arrondissement, einen der unbekannteren Bezirke von Paris. Hier gibt es keine Sehenswürdigkeiten, er selbst ist sehenswert, besonders von der Promenade plantée aus. Wir betrachten seine Wohnviertel gewissermaßen aus dem zweiten Stock, eine verschobene Perspektive, die Unerwartetes freigibt. Fassaden im Haussmann-Stil beispielsweise, hinter denen allenfalls Raum für schmale Zimmer bleibt; Hausscheiben sozusagen, fast zweidimensional.

An der Kreuzung mit der Rue de Rambouillet zeigt sich auf der Rechten ein Polizeikommissariat, dessen verwirrende Architektur erst aus dieser Höhe zur Geltung kommt. Seine oberen Geschosse lassen es wie einen Dampfer aussehen. Dann fällt der Blick auf ein Dutzend brekerhafte Männerstatuen entlang der Fassade, riesige Reproduktionen des sterbenden Sklaven von Michelangelo, deren serielle Anordnung doch nur Ironie sein kann. Richtig geraten, Postmoderne, das Gebäude ist 1991 entstanden.

Gehen wir weiter stadtauswärts. Das Auge erholt sich in Bambushainen und Laubengängen, an Rosenhecken und gestutzten Büschen, unter Pergolen und im Helldunkel des baumüberwachsenen Weges. Da tun sich Nischen mit Bänken auf. Darin wohnen Clochards. Sie grüßen freundlich. Eine alte Dame grüßt zurück und fragt: „Monsieur, haben Sie denn heute schon etwas Anständiges gegessen?"– „Aber gewiss, Madame, machen Sie sich keine Sorgen."

Wir spazieren an Wasserbecken entlang, meist auf einer schnurgeraden Strecke aus Holzplanken; und weil wir nicht am Sonntag unterwegs sind, gibt's auch kein Gedränge und Geschiebe. Eine Promenade für Verliebte – oder für Beziehungsgespräche. Oder um den Lärm zu vergessen. Nein, nicht ganz; das Verkehrsgeräusch ist im Hintergrund zu vernehmen. Wie beruhigend. Die Stadt ist noch da, nur hält sie dezent Abstand. Genau so lieben es die Pariser: Sie verehren die Natur, zumal die gärtnerisch gebändigte, aber sie wollen sich darin nicht verlieren. Nach zwei Kilometern endet der Viadukt, die Promenade geht im Erdgeschoss weiter. Der Holzweg führt sanft hinab, es weitet sich ein Platz mit Sonnenuhr. An dieser Stelle scheren wir nach rechts aus in den Jardin de Reuilly, der Blumen wegen und weil wir auf der blickgeschützten Liegewiese pausieren wollen. An deren Rand führen Blumenterrassen zu einer Holzhütte, wo wir kostenlos eiskaltes Sprudelwasser zapfen dürfen. Eine Studentin mit Klemmbrett hat darauf nur gewartet: „Wo wohnen Sie, wie alt sind Sie, wie oft kommen Sie hierher?", so gehen ihre Fragen. Wie denn das Wasser schmecke. Gut, antworten wir. Nach Wasser.

Wir kehren auf den Weg zurück. Er führt uns durch ein Neubauviertel, na gut. Doch bevor sich Langeweile einstellt, wechselt die Promenade noch einmal die Ebene; jetzt geht es unter die Erde. Eine Reihe von Unterführungen überrascht uns mit ihrer Dekoration aus künstlichen Quellen und orange ausgeleuchteten Steinen, ein bisschen wie in der Geisterbahn. Grüner als grün ist die anschließende Passage. Sie war einmal ein Tunnel, nun ist sie freigelegt und wild bewachsen, hier würden Zwerge wohnen wollen. Dass wir noch in Paris sind, verraten nur die Schilder zwischen den Büschen: offenes WLAN, betrieben von der Stadt.

Die Trasse verläuft weiter ein wenig abgesenkt, parallel zur Rue de Sahel. Die ist interessant wegen des Cafés La Coulée Douce. Im Restaurant und in seinem Laden ist alles „bio", damit sind wir unbedingt einverstanden, auch mit dem Konzertprogramm (Weltmusik). Außerdem trifft sich hier eine „Kafemath" genannte Runde für die Popularisierung der Mathematik. Kafemath ist das Gegenstück zum Café Philo, der sonntäglichen philosophischen Zusammenkunft im Café des Phares, Place de la Bastille. Die Pariser Kaffeehausdebatte lebt, sie ist nur nicht leicht zu finden.

Abstecher in die Rue Marie Laurencin, benannt nach einer Malerin des frühen 20. Jahrhunderts, deren Bilder von nachdenklichen, appetitlosen Mädchen bevölkert sind, wie man ihnen heutzutage auch in Paris begegnet. Die Straße mündet in den Square Charles Péguy, den größten Park des 12. Arrondissements. Péguy war Schriftsteller, ein Zeitgenosse von Proust. Wir haben ein Büchlein von ihm dabei, suchen uns eine Bank und schlagen es auf. Es heißt *Notre jeunesse* (Unsere Jugend) und ist eine Polemik, erschienen 1910. Worum es geht, interessiert heute allenfalls noch Historiker. Aber seines Temperaments wegen sollte es jeder lesen, der wissen will, was wirklich ein Essay ist: ein Versuch, der stilistisch glänzt. Solche Werke vertragen frische Luft.

Und nun müssen wir sehr stark sein. Zurück auf der Promenade, haben wir uns noch einmal von der dressierten Vegetation verzaubern lassen, bis eine Bretterwand quer über die Trasse das abrupte Ende des Wegs markiert. Wie zum Hohn ist sie grün gestrichen. Purer Spott auch die nach oben führende Wendeltreppe aus Eisen, sie liefert uns der grauen, brausenden, stinkenden Autowelt des Périphérique aus. So ist Paris: Vom Idyll in die Abscheulichkeit sind es oft nur ein paar Schritte.

Aber – „Heute sind wir bis zur Stadtautobahn gewandert"? Das geht nicht. Der Bois de Vincennes ist doch so nah. Gab es dort nicht ein bezauberndes Ausflugslokal?

Man muss nur erst einmal hinfinden. Weit und breit kein Hinweisschild. Die Straßenkarte verwirrt bloß. Wer jedoch in die Unterführung abbiegt und dann rechts den Boulevard de la Guyane nimmt, der schafft es nach einer Viertelstunde in den großen Park mit seinen Seen und Kanälen, mit Boots- und Fahrradverleih. Jetzt ein Glas Champagner! Nur leider ist das Chalet des Îles Daumesnil, das unser Ziel sein sollte, kürzlich abgebrannt. Die Website des Lokals verliert darüber kein Wort.

Der Bus der Linie 325 bringt uns zurück in die Stadt. Nach so viel Grün fallen ihre Grundfarben erst recht auf: Hellgrau und Gold. Das müssen wir uns in Reinform ansehen, also fahren wir noch zur Pont Alexandre III. Nein, wir finden kein Ende. Wir wollen kein Ende finden.

GERO VON RANDOW, *DIE ZEIT*

Adressen an der Promenade plantée

Weinbar Le Baron Rouge

1, Rue Théophile Roussel, 75012 Paris

Michel Heurtault

Viaduc des Arts, 85, Avenue Daumesnil, 75012 Paris
www.parasolerieheurtault.com

Café La Coulée Douce

51, Rue du Sahel, 75012 Paris
www.lacouleedouce.fr

Café des Phares

7, Place de la Bastille, 75004 Paris
www.cafe-philo-des-phares.info

Meine Erinnerungen

Ein Stückchen Paris: Boulevard Beaumarchais

Ein Stückchen Welt

Künstlerin Oda Jaune: Was ich am 10. Arrondissement liebe

Mein Wohnzimmer in Paris ist das 10. Arrondissement rund um die Straßen Martel, Paradis und Faubourg-Saint-Denis. Das ist eine sehr quirlige Gegend im Nordosten der Stadt. Für kreative Leute die beste, finde ich. Sie hat richtig Patina, da liegen viele Schichten übereinander. Die Faubourg-Saint-Denis war früher eine Prachtstraße, über die die Könige in die Stadt kamen. Deshalb steht da dieses alte Riesentor, die Porte Saint- Denis. Später war das Zehnte ein Arbeiterviertel. Heute leben dort viele Inder, Pakistaner, Türken, Afrikaner. Das ist großartig. Touristisch ist die Gegend nicht. Man findet zwar kleine Eiffeltürme, es gibt aber keine Museen, und die Galerien etablieren sich erst allmählich. Dafür kann man dort toll einkaufen. Auf den Märkten oder in einer Passage mit lauter indischen Geschäften, nicht groß, aber so konzentriert, dass man sich darin verlieren kann. Es ist ein kleines Stück Welt.

Ich habe das Zehnte auf der Suche nach einem Atelier entdeckt. In Paris sind viele Künstlerateliers in Wohnungen umgewandelt worden, für amerikanische Studenten oder Japaner. Das macht die Suche schwierig. Aber zu Hause war kaum noch Platz für meine Leinwände, und der Termin für die nächste Ausstellung stand schon fest. Da sagte meine Freundin, eine Schriftstellerin aus Iran: Du kannst bei mir malen, ich sitze gerade an einem Roman, aber mein Zimmer ist groß genug für uns beide. Das war rührend. Und so kam ich in die Rue Martel.

Ein Wohnzimmer ist für mich der Ort, an dem ich gerne bin, wo ich arbeite. In der Rue Martel habe ich sechs Monate lang gearbeitet. Ich habe diese Gegend lieben gelernt. Wenn ich male, ist meine Kleidung voller Farben. Aber ich habe mich nie umgezogen, wenn ich nach draußen ging. In der gleichen Straße haben meine Freunde, die Modedesigner Bernhard Willhelm und Jutta Kraus, ihr Atelier. Wir trafen uns im Café oder einem der kleinen Restaurants.

Ich bin aus Deutschland weggezogen, weil ich dort nach dem Tod meines Mannes nicht mehr frei war, zu arbeiten, zu leben. Glücklich zu sein. In Paris habe ich mich sofort zu Hause gefühlt, auch weil es hier so unheimlich schön ist. Selbst wenn es regnet. Ich mag das dunkel, hellblau, violett Schattierende dieser Steinstadt ... Vielleicht ist Paris im Regen sogar am schönsten.

Ich beobachte sehr gerne, und im 10. Arrondissement konnte ich das ganz entspannt tun. Es hat mir gutgetan, mich selbst zu verlieren, auf die Reise zu gehen, wahrzunehmen, wie anders Menschen sind, wie anders sie glücklich sein können. Es gefiel mir auch, all die fremden Sprachen zu hören und sie nicht zu verstehen. Weil dann andere Dinge wichtig wurden, ich schaute intensiver. Wenn ich heute mein Bild *Blue Moon* betrachte, das in der Rue Martel entstand, habe ich alles wieder vor Augen. Die Farben der Menschen, das enge Beisammenseinkönnen ...

Dann hatte ich meine Ausstellung. Nach der Vernissage im Marais lud die Galerie die Gäste zum Essen ein, ich durfte das Restaurant aussuchen. Wir gingen ins 10. Arrondissement, ins La Fidélité, mein Lieblingsrestaurant. Mit dem Beginn der Ausstellung endete meine Arbeit in der Rue Martel. Das Atelier bei meiner Freundin gibt es nicht mehr. Sie ist umgezogen. Mein Wohnzimmer ist das Viertel aber geblieben. Wenn ich für Freunde koche, kaufe ich dort ein. Es gibt sogar eine bulgarische Épicerie.

Aufgezeichnet von:
DOROTHÉE STÖBENER, *DIE ZEIT*

Oda Jaune Die gebürtige Bulgarin ist Malerin und lebt und arbeitet seit 2008 in der französischen Hauptstadt, wo sie 2012 den Pierre-Cardin-Preis für Malerei erhielt. Ihr Künstlername „Jaune" ist französisch und steht für die Farbe Gelb.

La Fidélité
12 rue de la Fidélité, 75010 Paris
www.lafidelite.com

Manche mögen's heiß

Überbackene Zwiebelsuppe ist nicht die
feinste Pariser Speise, aber die ehrlichste

Die Pariser Küche ist berühmt, aber nicht für ihre
Gerichte. Man muss nur in die Speisekarten schauen.
Hinter vielen der feinen Sachen steht da ein „à la": „à la
Provençale", „à l'Alsacienne", „à la Bourguignonne". Die
Welthauptstadt des guten Essens nascht von den Tellern des
ganzen Landes. Nicht genug, dass die besten Waren seit je
für den Pariser Markt reserviert sind; die Rezepte reisten
gleich mit. Sie zu veredeln und verfeinern, das ist der Stolz
der Pariser Köche. Doch wenn man fragt, wie viele Spei-
sen sie erfunden haben, welche den Titel „à la Parisienne"
tragen dürfen, dann landet man schnell bei etwas gar nicht
mehr so Edlem: überbackener Zwiebelsuppe.

Ausgerechnet Zwiebelsuppe! Wie lauteten noch gleich
die heiligen Grundregeln der französischen Küche? Nimm
hochwertige Saisonprodukte, gare sie mit Vorsicht und be-
tone ihren Eigengeschmack! Die soupe gratinée à l'oignon
verstößt gegen alle. Schon der Anblick ist wenig verlockend:
die dicke, angebrannte Kruste auf der stets verkleckerten
Tasse. Sticht man rein, dampft einen gestaute Hitze an,
zusammen mit einem süßlichen und zugleich doch der-
ben Geruch. Mit der Finesse einer Consommé hat dieses
Gericht nichts gemein. Es ähnelt mehr einem Käsebrot,
versenkt in kochendem Eintopf. Und trotzdem gehört es
wie kein anderes nach Paris.

Eine gute Zwiebelsuppe zu bekommen, ist hier allerdings gar nicht so leicht. Es gibt sie in den Touristenfallen, aber wohl in keinem einzigen der siebzig Sternerestaurants. Man kostet sie am besten dort, wo sie herkommt: im Bauch von Paris. So hießen die Markthallen des 1. Arrondissements seit Zolas Roman. Es gibt sie schon lang nicht mehr; der Bauch wurde zu groß für die Stadt. Die Großmärkte wurden in den Vorort Rungis umgesiedelt. Das Hallenviertel beherbergt heute ein riesiges Einkaufszentrum. Aber ein paar der umliegenden Lokale haben überdauert; und das berühmteste von ihnen ist das Au Pied de Cochon.

Es liegt gegenüber der ehemaligen Schlachthalle. Rote Markise, Kaffeehausstühle – bis auf die Größe (drei Etagen!) eine typische Brasserie. Aber auch eine sehr besondere. Seit 1934 wird hier gekocht, mit so viel Erfolg, dass nach dem Krieg die Besitzer entschieden, einfach nicht mehr zu schließen. Seitdem bleiben die Herde heiß, an jedem Tag, zu jeder Stunde. Und ein großer Topf mit Zwiebelsuppe steht immer auf dem Feuer.

Begonnen habe alles mit zwei cleveren Fleischhändlern, erzählt Philippe Bully, der Chef des Pied de Cochon. „Sie nahmen den Schlachtern ihre Reste ab und verkauften sie als Delikatessen." Den schmackhaften, aber schwabbligen Schweinsfuß zum Beispiel. Er gab dem Lokal seinen Namen. Die Gäste der ersten Stunde waren die Großmarkthändler und ihre Kundschaft – keine Gourmets, aber sie verstanden etwas vom Essen. Ihre Geschäfte wurden in der Nacht abgewickelt, und nach klammen Stunden in den Hallen waren sie für eine Stärkung dankbar. Heiß und nahrhaft musste sie sein, billig und rasch gemacht. So entstand im Hallenviertel die dampfende Antithese zu all der Feinkost, die hier umgeschlagen wurde: gratinierte Zwiebelsuppe. Lokale wie das Pied de Cochon machten das Rezept bekannt – in Paris und in der Welt.

Aber was heißt Rezept? „Da gibt's nicht viel", sagt Félix Hibrant, Küchenchef der Brasserie. „Ich schneide Gemüsezwiebeln in Scheiben und lasse sie langsam in der Pfanne karamellisieren. Dann köcheln sie in Rinderbrühe, mindestens eine Stunde." Er fährt mit der Schöpfkelle in einen Kochtopf; die eingekochte Suppe darin ist tiefbraun. „Damit mache ich die Tassen dreiviertel voll und lege Baguettescheiben darauf." Auf die kommt reichlich geriebener Emmentaler, das muss schnell gehen, sonst weichen sie auf. Dann noch rasch unter den Grill mit der Tasse, bis der Käse sich goldgelb färbt. Und fertig ist die Zwiebelsuppe. Nicht mal abgeschmeckt hat Hibrant. „Nur einen Trick gibt es: Ich streue vorm Überbacken einen Teelöffel Natron auf das Brot, damit sich die Kruste schön wölbt."

Man kann bei ihm auch feiner essen; die Meeresfrüchte sind sehr zu empfehlen. Doch das beliebteste Gericht ist neben dem gebackenen Schweinsfuß noch immer die soupe à'l oignon. An die achtzig Tassen werden jeden Tag bestellt – oder besser: jede Nacht. „Wir verstehen uns als Nachtrestaurant, das auch tagsüber geöffnet hat", sagt Philippe Bully. Am Tag herrscht genug Betrieb, dann sieht man hier asiatische Reisegruppen, die in ihren Tassen rühren und sich wahrscheinlich fragen, was all das Aufhebens soll.

Aber die machen es falsch. In einem Mittags- oder Abendmenü hat Zwiebelsuppe nichts zu suchen; da ist man ja nach der Vorspeise schon satt. Am besten schmeckt sie, wenn man lang unterwegs war, für förmliches Essen zu erschöpft ist und auch ein wenig friert. Spätnachts findet das Pied de Cochon zu seiner eigentlichen Form: als Refugium für die tote Zeit zwischen dem letzten Cocktail und dem ersten Kaffee. Mitterrand und Chirac wurden hier schon gesehen, Gainsbourg und die Callas, Belmondo und Jeanne Moreau, auch berühmte Köche wie Paul Bocuse und Alain Ducasse. „Letzte Woche war Liza Minnelli da", erzählt Bully. Isst die etwa auch Zwiebelsuppe? „Nein, die hatte den Schweinsfuß."

Zwiebelsuppe ist das Gegenstück zur großen Küche, Bescheidenheit à la Parisienne. Sie erinnert die Bürger der Hauptstadt daran, wie es an ihren Tischen zuginge ohne die Leckereien aus dem Umland: erstaunlich rustikal. Einmal sollte man sich auch als Gast diese Erfahrung gönnen. Und wenn man es schafft, sich nicht den Mund zu verbrennen, schmeckt am Tag darauf der Hummer doppelt so gut.

MICHAEL ALLMAIER, *DIE ZEIT*

Au Pied de Cochon
6 Rue Coquillière, 75001 Paris
www.pieddecochon.com

»Paris ist immer eine gute Idee«

– Audrey Hepburn

Meine Skizzen

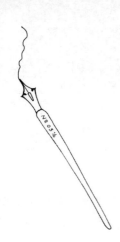

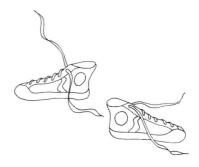

Champs-Éysées

La nuit en rose

David Guetta über Romantik und die besten
Clubs der Stadt

DIE ZEIT: Als DJ sind Sie ein Nachtmensch und kennen
die internationale Club- und Partyszene. Wenn man Sie mit
verbundenen Augen auf eine Bühne führen und die Binde
dann abnehmen würde – könnten Sie sofort erkennen, dass
Sie vor einem Pariser Publikum stehen?

David Guetta: Oh ja! In Paris ist es extrem schwierig, die
Leute in Schwung zu bringen. Jeder Künstler wird Ihnen
das bestätigen: Kein Publikum ist so hart zu knacken wie
das französische.

ZEIT: Das klingt nicht sehr einladend.

Guetta: Mag sein, aber dafür ist das Publikum auch un-
glaublich treu. In London kommt man sehr schnell sehr
weit nach oben. Alles dreht sich um den Hype. Entspre-
chend schnell stürzt man wieder ab. Das ist eine Frage der
Mentalität. Wir sind anders. Bei uns dauert es sooo lang, um
in den Charts an die Spitze zu kommen. Aber wenn man
oben ist, bleibt man dort auch für Monate.

ZEIT: Vielleicht führt das geschichtsträchtige Pariser Um-
feld ja zu einer Verlangsamung. Weniger höflich gesagt: Die
Stadt gilt als verschnarcht.

Guetta: Nein, das kann man so nicht sagen. Es gibt alle
möglichen verschiedenen Szenen – die coole Szene, die
VIP-Szene, den Mainstream. Aber Poser sind sie alle. (lacht)

ZEIT: Wo fühlen Sie sich wohl? Wie sieht eine perfekte

Nacht in Paris für Sie aus?

Guetta: Starten würde ich im Restaurant La Société. Das gehört den Costes-Brüdern und ist supersupercool. Es gibt einen DJ, der gute Musik auflegt, aber die Leute tanzen nicht. Man geht zum Essen hin, trinkt noch was, schlendert von Tisch zu Tisch und unterhält sich mit diesem und jenem. Die Vibes stimmen.

ZEIT: Und anschließend?

Guetta: Danach würde ich schauen, was im Jardin de Bagatelle los ist, wo das Institut Bonheur im Sommer Partys macht. Da gehen die extrem lässigen Leute hin, und sie verkleiden sich manchmal, tragen Masken im Gesicht, das finde ich schon ziemlich verrückt. Später würde ich vielleicht noch ins Rex: Das ist ein klassischer Techno-Club, immer ein guter Tipp, aber auch wirklich Underground. Charmante Mädchen lernt man dort nicht kennen.

ZEIT: Wo verbringen die denn ihren Abend?

Guetta: Vielleicht im Club L'arc, in der Nähe des Arc de Triomphe. Wenn man zwischen 25 und 40 Jahre alt ist, trifft man da gleichaltrige Frauen. Da dreht es sich mehr um Socializing als um Musik.

ZEIT: Gehen Sie selbst in Clubs, um Frauen kennenzulernen?

Guetta: Nein, das hab ich nie gemacht, auch nicht, als ich noch ledig war und keine Kinder hatte.

ZEIT: Dabei soll Paris doch so romantisch sein, vor allem nachts.

Guetta: Oh ja, klar, das stimmt auch! Aber genau das ist ja der Grund: Ich bin wirklich romantisch. Deshalb würde ich nachts mit einem Mädchen lieber Hand in Hand die Seine entlanglaufen, als in einem Techno-Club zu stehen.

ZEIT: Im Ernst? Das ist kein Klischee?

Guetta: Nein! Klar mach ich das! Früher waren diese Spaziergänge meine Geheimwaffe.

ZEIT: Sie haben schon als Teenager, Mitte der achtziger Jahre, in Paris als DJ gearbeitet. Wie hat sich das Nachtleben seitdem verändert?

Guetta: Als ich anfing, war der Mann am Plattenteller einfach ein Angestellter – aber das war ja überall auf der Welt so. Und die achtziger Jahre waren sehr selektiv. An der Tür ging es nur um VIP, rich and famous. In den neunziger Jahren kamen dann die DJ-Kultur und größere Clubs mit internationalem Publikum auf. Anfang der nuller Jahre ging der Trend wieder zu kleinen Clubs wie Le Baron – vielleicht als Reaktion auf die Neunziger, weil man wieder Orte haben wollte, an denen man unter sich sein konnte. Inzwischen existiert beides nebeneinander. Ich selbst mag die crazy Soundsysteme, Tausende von Menschen, die sich eins fühlen. Aber ich bin eben DJ.

ZEIT: Auf Ihrem neuen Doppelalbum Nothing But The Beat gibt es ein Instrumentalstück, das Paris heißt. Was sagt der Track über die Stadt?

Guetta: Die Antwort wird Sie enttäuschen.

ZEIT: Nur zu.

Guetta: Na gut. Meine Musik entsteht oft auf Reisen. Und wenn ein Song in einem Flugzeug nach Paris entsteht, nenne ich ihn eben Paris.

ZEIT: Das ist alles?

Guetta: Ja. Wobei ich sagen würde, dass vor allem das zweite Album sehr pariserisch ist. Mit dem french touch, der französischen House-Musik, ist es ein bisschen wie mit der Stadt. Wir benutzen Sounds, die sehr retro, sehr lo-fi sind, und mischen sie mit sehr modernen. Wir wollen einen Vintage-Sound, weil wir glauben, dass es schöner klingt.

ZEIT: Was müsste unbedingt auf einen Soundtrack zur Pariser Nacht?

Guetta: Mein Instrumentalalbum natürlich. Und man würde dafür auch eine Hotel-Costes-Compilation brauchen, vielleicht Je suis fatigué.

ZEIT: Apropos müde: Welcher Ort ist der beste, um eine Nacht in Paris ausklingen zu lassen?

Guetta: Montmartre – ich liebe dieses Viertel. Es ist wie ein Dorf. Man sollte sich auf die Terrasse eines Cafés setzen, das gerade öffnet, und ein Croissant essen.

KARIN CEBALLOS BETANCUR, *DIE ZEIT*

David Guetta ist der bekannteste französische House-DJ und einer der erfolgreichsten Musikproduzenten seines Landes. Angefangen in kleinen Clubs in Paris, ist er heute auf den großen Bühnen dieser Welt zu Hause.

Die beste Adressen in Paris

Restaurant La Société

4, Place Saint Germain, 75006 Paris

www.restaurantlasociete.com

Institut Bonheur

www.facebook.com/pages/Institut-Bonheur/27288840845

Rex Club

5, Boulevard Poissonnière, 75002 Paris

www.rexclub.com

L'arc

12, Rue de Presbourg, 75016 Paris

www.larc-paris.com

Le Baron

6, Avenue Marceau, 75008 Paris

www.clublebaron.com

Meine Erinnerungen

Auch der Le Jardin de Luxembourg lädt zu einer Auszeit ein

Der rettende Garten

Die Schönheit des Jardin des Tuileries lässt
allen Kummer vergessen

Ein Rat, den ich mir schon vor vielen Jahren selbst er-
teilt habe, lautet: Wenn es dir je einmal richtig schlecht
im Leben geht, geh in den Jardin des Tuileries – bevor du
auf dumme Gedanken kommst. Wenn ein Ort überhaupt
ein Lebensretter sein kann, dann ist es dieser. Der weiß-
graue Kies, der einem da unter den Schuhen knirscht. Die
eisernen Stühle, die dort ein eigenes eisernes Stuhlleben
zu führen scheinen. Die steinernen Balustraden, an denen
noch jeder irgendwann einmal gelehnt hat, verliebt und
in einen Kuss vertieft. Die erhabene Sichtachse hinauf zur
Champs-Élysées und hinab zum Louvre, mit der das Groß-
stadtgefühl in die Welt kam. Das Geplätscher der Fontänen,
das der aristokratischen Eleganz etwas Dörflich-Behagliches
beimischt. Das Geschrei der kleinen Franzosen und ihrer
Kindermädchen aus aller Herren Länder, das der grandiosen
mathematischen Komposition des alten Parkes das Chaos
des Lebens zurückgibt. Die stolze Wehmut der steinernen
Statuen, die noch viel nackter sind, als Menschen es je sein
können. Das von den hohen Bäumen gedämpfte Spät-
nachmittagslicht, in dem die Pariser, eine Aktentasche in
der einen, einen Einkaufsbeutel mit dem Abendbrot in der
anderen Hand, von der Arbeit nach Hause eilen. Das Bellen
der Hunde, das in der ersten Spätsommerkühle schon ein
wenig metallisch durch die Luft schwingt. All das ist in

seinem Konzert so großartig, so erhebend, dass die eigenen Kümmernisse dagegen so unbedeutend wie ein einzelner Kiesel auf dem Parkweg werden.

Der surrealistische Dichter Guillaume Apollinaire hat, als er hier stand, ein berühmtes Gedicht über seine Müdigkeit angesichts dieser kühlen Pracht geschrieben. Das Gedicht heißt „Zone" und beginnt so: „Am End bist du's leid dieses alte Stück Erde Eiffelturm / Hirt der Brücken hör wie sie blökt früh deine Herde". Offensichtlich hat den Dichter die überlegene und nutzlose Grandiosität seiner Stadt bedrückt. Er wünscht sich inmitten dieser Erhabenheit die blökende und wärmende Unordnung des Lebens zurück. Die auf dem Reißbrett errechnete klassische Komposition der Stadt ist ihm eine Last, die schwer wiegt und bis in die Antike zurückreicht, der wir die Idee einer von allen zufälligen Lebensschlacken gereinigten makellosen Schönheit verdanken.

Die Müdigkeit, von der wir uns in den barocken Anlagen des Jardin des Tuileries heute erholen, ist ganz anderer Natur. Uns drückt nicht mehr das übermächtige Reglement eines klassischen Erbes, das Guillaume Apollinaire beklagte. Wir sind ermattet durch das übermächtige Chaos einer entregelten, funktionalen Gegenwart, in der nichts mehr für sich selbst, sondern alles eines schnöden Zweckes willen da ist, wo es ist, und aussieht, wie es aussieht.

Und so nehmen wir Platz auf den eisernen Stühlen der schönsten Stadt der Welt und atmen eine Schönheit und einen Großmut, die keinen anderen Zweck haben, als Schönheit und Großmut zu verbreiten. Hier bleiben wir sitzen und warten. Im ersten Abenddämmer beginnen gleich die Laternen zu leuchten.

IRIS RADISCH, *DIE ZEIT*

Meine Notizen

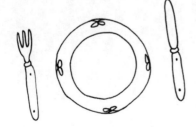

Bar du Marché

100% Inspiration für Ihre Reise

Was interessiert Sie wirklich, wenn Sie durch eine Ihnen noch unbekannte Stadt flanieren oder wieder einmal Ihre Lieblingsstadt besuchen? Dieses ZEIT-Reisetagebuch wollte Sie dazu inspirieren, Ihre eigenen Gedanken und Erfahrungen zu notieren, ihre kleinen Urlaubsskizzen zu zeichnen, besondere Erlebnisse aufzuschreiben und die Geheimtipps festzuhalten, die Sie auf Ihren Stadtspaziergängen entdeckt haben.

Als Verleger von Reiseführern besuche ich die schönsten Sehenswürdigkeiten und interessantesten Museen, wenn ich ein paar Tage durch eine fremde Stadt spaziere. Doch ich möchte auch erfahren, wie die Einheimischen leben, welche besonderen Restaurants es gibt und wo ich angenehme Abende verbringen kann. Ich möchte eine neue Stadt entspannt genießen und mich schnell in ihr zurechtfinden. Aus dieser Idee sind die 100% Cityguides entstanden, die den Reisenden auf Spaziergängen durch eine Stadt führen, als wäre er mit einem ortskundigen Freund unterwegs.

Seit 15 Jahren publizieren wir die 100% Cityguides für Menschen, die eine Stadt auf besondere Weise erleben möchten. Zunächst mit unserem Verlag mo media in den Niederlanden, inzwischen auch in Deutschland mit Sitz in Berlin. Das Travel Journal ist aus einer schönen Zusammenarbeit unseres Verlages mo media und DIE ZEIT hervorgegangen und ergänzt unser umfangreiches Reiseführer-programm. Ich hoffe, dass Sie das Reisetagebuch noch lange an Ihre Urlaubserlebnisse erinnert!

Noch immer reise ich gern in die Städte Europas und habe in jeder Stadt Autoren gefunden, die ihre Empfehlungen in den 100% Cityguides an Sie als Reisenden weitergeben. Falls Sie selbst Ihre Tipps und Erlebnisse mit uns teilen möchten, freue ich mich natürlich sehr. In diesem Sinne wünsche ich Ihnen eine inspirierte Reise!

RENÉ BEGO, *MO MEDIA BERLIN*

*Tipps für ein Wochen-
ende in Paris:*

Eine Fotoausstellung im MEP besuchen.

Die besondere Atmosphäre im Schloßgarten vom Palais Royal genießen.

In dem erstklassigen Concept-Charity-Store Merci einkaufen.

Wie Amélie im Café des Deux Moulins eine Crème brulée genießen.

Im Skulpturengarten des Musée Rodin lustwandeln.

Die phänomenale Aussicht vom La Tour Montparnasse genießen.

Im Raritätenkabinett Deyrolles ins Staunen geraten.

Mehr Tipps finden Sie in dem Cityguide 100% Paris.

Über die Zeit-Autoren

STEFANIE FLAMM

Stefanie Flamm hat Geschichte, Slawistik und Jura studiert und während des Studiums in Berlin mit dem Schreiben begonnen. Sie war Redakteurin der „Berliner Seiten" der F.A.Z., Reporterin beim Tagesspiegel und kam 2006 zur ZEIT. Im Reiseteil betreut sie u.a. die regelmäßig erscheinende City-Guide-Beilage.

GERO VON RANDOW

Gero von Randow ist Publizist, Autor und Redakteur der Hamburger Wochenzeitung DIE ZEIT. Der ehemalige Chefredakteur von ZEIT ONLINE und Mitherausgeber des Magazins ZEIT WISSEN kehrte nach seiner Zeit als Frankreich-Korrespondent 2013 ins Ressort Politik zurück.

DOROTHÉE STÖBENER

Dorothée Stöbener studierte in Mainz und Tours Publizistik und besuchte die Henri-Nannen-Journalistenschule in Hamburg. Seit 2001 leitet sie das Reise-Ressort der ZEIT.

MICHAEL ALLMAIER

Michael Allmaier ist am Niederrhein aufgewachsen und hat in Essen Literaturwissenschaft studiert. Nach einigen Jahren im Feuilleton und bei den „Berliner Seiten" der F.A.Z. wechselte er 2003 zur ZEIT. Seit 2005 arbeitet er als stellvertretender Ressortleiter im Ressort Reisen, seit 2013 außerdem als Restaurantkritiker der Hamburg-Seiten.

KARIN CEBALLOS BETANCUR

Karin Ceballos Betancur hat Germanistik, Lateinamerikanistik und Öffentliches Recht studiert und bei der Frankfurter Rundschau volontiert. 2007 kam sie zu der ZEIT ins Dossier. Seit 2008 arbeitet sie im Reiseteil und schreibt am liebsten über Südamerika.

IRIS RADISCH

Iris Radisch studierte Germanistik, Philosophie und Romanistik und kam 1990 zur ZEIT, wo sie zunächst dem Literatur-Ressort angehörte, dieses dann auch verantwortete. Seit 2013 ist sie Ressortleiterin des ZEIT-Feuilletons. Im „Literarischen Quartett" des ZDF stritt sie mit Reich-Ranicki. Bis 2012 hatte sie eine eigene Sendung, den „Literaturclub" auf 3sat. Im Jahr 2013 erschien ihr Bestseller, eine umfassende Camus-Biographie.

IMPRESSUM

TEXT Stefanie Flamm, Gero von Randow, Dorothée Stöbener, Michael Allmaier,
Karin Ceballos Betancur, Iris Radisch, René Bego
HERAUSGEBERIN *DIE ZEIT Cityguide Paris* Dorothée Stöbener
ILLUSTRATION Studio Mirthe Blussé
FOTOGRAFIE Marjon Hoogervorst, Duncan de Fey, Rebecca Dadson
LEKTORAT Claudia Mertens
KONZEPTGESTALTUNG Funkfabriek Kim Peters, Hilden Design
GESTALTUNG Funkfabriek Kim Peters
PROJEKTLEITUNG Melanie Podgornik, Petra de Hamer

DIE ZEIT Paris ISBN 978-3-943502-89-3
© mo media GmbH Berlin
© Zeitverlag Gerd Bucerius GmbH & Co. KG

Alle Rechte vorbehalten. Kein Teil dieser Ausgabe darf ohne vorherige schriftliche Einwilligung des Verlages in irgendeiner
Form reproduziert oder unter Verwendung elektronischer Systeme verarbeitet, vervielfältigt oder verbreitet werden.